22. Dezember – 20. Januar

Der Steinbock

Johann Mayrs Satierkreiszeichen

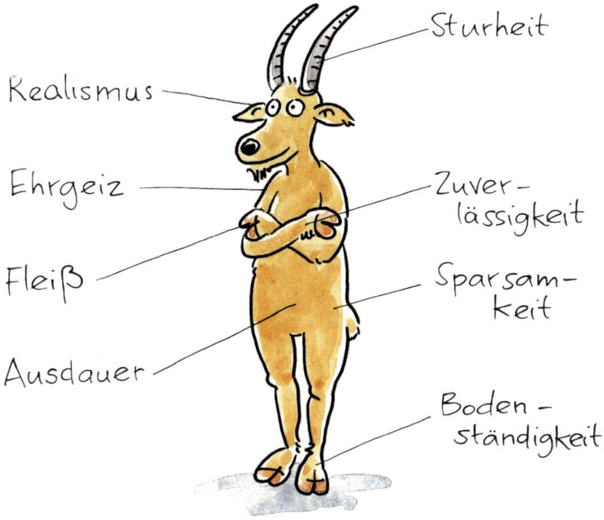

KORSCH VERLAG

Illustrationen: Johann Mayr
www.johannmayr.de
Texte: Christine Guggemos
Gestaltung: Barbara Vath
Satz: FIBO Lichtsatz, Kirchheim
Lithografie: REPRO BRÜLL, A-Saalfelden
Druck und Bindung: Uhl, Radolfzell
Printed in Germany
ISBN 10: ISBN 3-7827-1767-8
ISBN 13: ISBN 978-3-7827-1767-0

Verlagsverzeichnis schickt gern:
A. Korsch Verlag GmbH & Co., Postfach 10 80, 82195 Gilching
www.korsch-verlag.de

Inhalt

Steinbock-Steckbrief

Der Steinbock

Lateinischer Name: Capricornus
Familie: Hornträger
Geburtsdatum: 22.12. – 20.01.
Element: Erde
Planet: Saturn

Merkmale

Der Steinbock ist in der Regel zwischen 1,50 und 2,30 Meter groß und zwischen 50 und 200 Kilo schwer. Die weiblichen Steinböcke sind etwas kleiner und zierlicher als die Männchen, in ihrer Erscheinung aber mindestens ebenso beeindruckend. Das Wesen der Steinböcke ist zielstrebig, realistisch, ehrgeizig, genügsam, beherrscht, konservativ und vernünftig, kann aber auch eigenbrötlerische, gefühlskalte, pedantische und melancholische Züge annehmen. Das kommt ganz auf das jeweilige Exemplar an.

Verbreitung

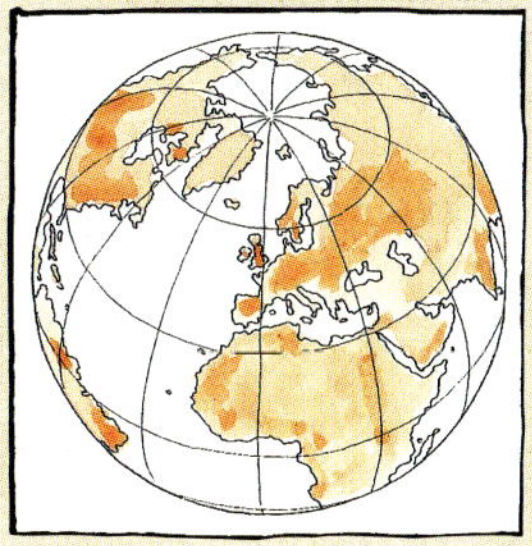

Der Steinbock ist dank seiner Genügsamkeit überall auf der Erde anzutreffen, wo man der Astrologie Beachtung schenkt. Am liebsten aber würde er sich nur in luftigen Höhen aufhalten. Da dies nicht an jedem Ort auf der Welt möglich ist, gibt er sich alle Mühe, wenigstens symbolisch durch seinen Erfolg ganz nach oben zu gelangen. Dass es in Spitzenpositionen oft auch etwas eisig und rau zugeht, stört den Steinbock wenig. Nur Untätigkeit kann ihn in tiefe Depressionen stürzen.

Lebensweise und Ernährung

Der Steinbock ist kein allzu geselliges Wesen. Seine Ziele kann er alleine am effizientesten verfolgen. Ein paar gute und treue Gefährten braucht er aber trotzdem, um sich nicht gesundheitlich völlig für seine Aufgaben zu ruinieren. Der Steinbock braucht viel Nahrung, um Energie zu tanken. Einfache Mahlzeiten oder die gute alte Hausmannskost sind seine Leibgerichte. Erlesene Menüfolgen mit winzigen Portionen entsprechen seiner Vorliebe für Askese und Sparsamkeit weniger.

DIE GELASSENHEIT DES STEINBOCKS KANN EINEN MANCHMAL AUF DIE PALME BRINGEN

DER STEINBOCK KANN ES GAR NICHT LEIDEN,
WENN MAN IHN BEI DER ARBEIT STÖRT

Das Steinbock-Prinzip

Das Steinbock-Prinzip ist eigentlich relativ einfach zu verstehen. Wo für andere Sternzeichen die Luft zu dünn, die Landschaft zu karg und die Höhe der Berge zu gefährlich wird, fängt für den Steinbock der geeignete Lebensraum erst an. Mit seiner Zielstrebigkeit und strukturierten Planung kann er jeden noch so steilen Bergpass erklimmen, sein Ehrgeiz ist grenzenlos und seine Konkurrenten sind von vorneherein zum Scheitern verurteilt. Der Steinbock will nach oben, an den Gipfel der Macht, in den Chefsessel. Und zwar nicht, weil ihm das gesellschaftliche Ansehen so wichtig ist und auch nicht, um sich in den Vordergrund zu spielen, seine Motivation liegt viel, viel tiefer. Er schuftet für sich selbst! Er braucht seinen Freiraum, eine lohnende Aufgabe und ein großes Ziel vor Augen, um zufrieden zu sein. In einem Gehege oder einem Streichelzoo wäre der autarke Steinbock völlig fehl am Platz. Zu viel Zuneigung, große Gefühle oder gar zur Schau gestellte Romantik machen ihn ohnehin nur nervös und führen dazu, dass er sich immer mehr in sich selbst zurückzieht. Während andere Luftschlösser bauen, bleibt er lieber auf dem Boden der Tatsachen. Er möchte sein Ver-

FÜR STEINBÖCKE KOMMT STETS ZUERST DIE PFLICHT, DANN DAS VERGNÜGEN mögen vermehren, ein solides, pflichtbewusstes Leben führen und für alle Eventualitäten des Lebens vorausgedacht und vorgesorgt haben. Erst dann erlaubt er sich auch von den saftigeren Bergwiesen weiter unten im Tal einmal zu naschen. Natürlich nur vorübergehend, denn seine Aufgaben zwingen ihn bald wieder in die karstigen Höhen seiner geliebten, aber auch einsamen Gipfel zurück. Der Steinbock kann vorzüglich alleine zurechtkommen, ist aber trotzdem ein verantwortungsvolles und hilfsbereites Wesen, das für seine Gemeinschaft und besonders seine Familie große Opfer vollbringt. Nur zwingen sollte man ihn zu nichts, denn seine Sturheit ist wie bei allen Hornträgern unter den Sternzeichen besonders gut entwickelt. Wenn man den Steinbock auch manchmal in Ruhe seinen Gedanken überlässt, ihm seinen Ehrgeiz nicht permanent vorwirft und ihn nicht zu oberflächlichen und sinnlosen Rededuellen herausfordert, kann er dank seiner Zähigkeit uralt werden. Ob er auch glücklich dabei ist, kann man nie so genau sagen. Er redet einfach nicht darüber.

STEINBÖCKE KÖNNEN ES NICHT AUSSTEHEN,
WENN SIE VOLLGEQUASSELT WERDEN

Der Über-Steinbock

Was passiert wohl, wenn eines Tages ein kleiner Steinbock die Welt erblickt, bei dem die Steinbock-Eigenschaften ins Extreme neigen? Quasi ein Steinbock mit Aszendent Steinbock, ein Mega-Steinbock, der König unter den Steinböcken? Lassen Sie uns diesen Umstand einmal nüchtern analysieren: Beim Steinbock kann man ein ungewöhnliches Entwicklungsphänomen beobachten. In seiner Jugend wirkt er deutlich älter und reifer als seine Altersgenossen, während er im Alter kindischer wird und unverschämter Weise auch noch jugendlicher aussieht. Bei unserem kleinen Über-Steinbock haben wir es demzufolge mit einem Erwachsenen im Körper eines Kleinkindes zu tun, das der Umwelt einige Rätsel aufgibt. Warum weint der Kleine so selten und warum sortiert er freiwillig sein Spielzeug? Warum schaut er immer so ernst, dass den Eltern

STEINBÖCKE HABEN SCHON FRÜH EIN ZIEL VOR AUGEN

ganz mulmig zu Mute wird? Warum geht er nicht raus, um mit den anderen Kindern zu spielen? Warum macht er nach der Schule ohne zu Murren seine Hausaufgaben und ist in fast allen Fächern Klassenbester? Und dabei so bescheiden und zurückhaltend? Wir sagen es Ihnen: Er beobachtet still die Erwachsenen, um von ihnen zu lernen und ihre Fehler zu vermeiden. Er findet Kinder überhaupt nicht lustig, sondern ziemlich bescheuert. Woher nehmen die bloß ihre widerliche Unbeschwertheit? Und er macht die Hausaufgaben, weil er weiß, dass in dieser Welt ohne Fleiß kein Preis zu holen ist. Er

freut sich auf später. Wenn er endlich seine Schäfchen im Trockenen hat, für die Rente vorgesorgt und das Eigenheim abbezahlt ist. Dann, wenn die anderen schon lange nicht mehr können, wird er die Sau rauslassen und so richtig kindisch werden. Vorher aber wird gearbeitet. Wenn's sein muss, Tag und Nacht!

MIT ZÄHER GEDULD RÄUMEN STEINBÖCKE DIE HINDERNISSE AUS DEM WEG

Der Steinbock und die anderen

Angenommen, der Steinbock sitzt eines Abends mit den anderen 11 Sternzeichen an einem Tisch. Er hat sich heute nicht lumpen lassen. Ein köstlicher Krustenbraten mit Knödeln und Blaukraut verströmt seinen Duft, gekühltes Bier ist in Massen vorhanden und sogar ein paar Flaschen Rotwein stehen trinkfertig bereit. Aber der Steinbock ist jetzt schon sauer: Allesamt unpünktlich, außer der Jungfrau, das nervt! Kann jetzt vielleicht endlich gegessen werden? Doch der Wassermann muss erst noch einen Witz erzählen. Wahnsinnig komisch! Der Fisch verlangt nach Kerzen, um ein romantisches Flair auf den Tisch zaubern zu können. Mit derartigem Deko-Quatsch kann der Steinbock leider nicht dienen. Der Widder zückt alternativ sein Feuerzeug und kokelt prompt die Tischplatte an. Der Stier greift schon zum dritten Mal zur Rotweinflasche. Man sollte ihm den Führerschein sofort abnehmen. Der Zwilling quasselt unentwegt. Den Steinbock jucken schon die Hufe. Wie gemütlich wäre es jetzt in seinem Arbeitszim-

DIE ETWAS EIGENE ROMANTIK DER STEINBÖCKE IST IM GRUNDE HERZLICH GEMEINT mer!!! Der Krebs schaut verträumt aus dem Fenster und schubst aus Versehen mit dem Ellenbogen die Knödel vom Tisch. Da rollen sie, die selbst gemachten Kartoffelklöße und die Jungfrau krabbelt hinterher. Die Waage muss sofort ins Bad, weil durch das Tränen-Lachen ihr Make-Up beschädigt wurde. Der Skorpion kickt leicht mit dem Fuß nach den restlichen Knödeln, damit sie weiterrollen. Macht Spaß, die Jungfrau so in Demutshaltung vor sich kriechen zu sehen. Der Schütze hat den Faden verloren. Was wollte er eben über die Geschichte der Knödel in den Küchen der bayerischen Königshäuser erzählen? Egal, dem Steinbock reicht's! Er hat für den Katastrophenfall schon vorgesorgt. Sein Handy klingelt und er muss leider alle sofort nach Hause schicken. Ein dringender Arbeitseinsatz, alles klar? Nur die Jungfrau hilft noch beim Aufräumen. Vielleicht kann der Abend ja doch noch ganz nett werden?!

STEINBÖCKE GEHEN SELTEN AUF KOLLISIONS-KURS

Damit kann man den Steinbock ganz schön ärgern

Den selbstgenügsamen Steinbock zu ärgern ist gar nicht so einfach. Außer man appelliert hinterhältig an seinen Ehrgeiz: Setzen Sie ein Turnier in der Lieblingssportart des Steinbocks an. Erzählen Sie ihm Sagen und Mythen von der Leistungsfähigkeit der anderen Teilnehmer und warten Sie ab. Beim Turnier wird der Steinbock in Topform sein. Er hat täglich trainiert, ein aerodynamisches teures Dress gekauft und jede Menge ekelhafte Energydrinks zu sich genommen. Doch die angeblichen Konkurrenten sind keine Spitzensportler, sondern Nieten wie aus dem Bilderbuch. Schon nach wenigen Minuten schwitzen und schnauben sie wie verrückt und schmeißen das Handtuch. Der Steinbock meistert bravourös, aber etwas irritiert, den Parcours und kommt als Erster und Einziger ins Ziel. Das soll eine Herausforderung gewesen sein? Die wollen ihn wohl alle verarschen! Allerdings – und das kann der Steinbock gar nicht leiden. Er wird ziemlich sauer sein, verlassen Sie sich drauf.

STEINBÖCKE KÖNNEN SICH SO RICHTIG IN EINE SACHE HINEINKNIEN

Damit kann man dem Steinbock eine große Freude machen

Dem Steinbock eine Freude zu machen, ist nicht so einfach. Zumindest sollte man sich keine überschwänglichen Gefühlsausbrüche, lang anhaltende Lachanfälle oder Ähnliches als Freudenbeweis erwarten. Es gilt ein freundliches „schön" oder „passt schon" aus ihm herauszukitzeln, mehr ist wirklich utopisch. Aber wie kommt man zu dem begehrten „passt schon" des Steinbocks? Lesen Sie ihm die Zahlen aus seiner Rentenpolice vor, rechnen Sie ihm aus, dass er sein Eigenheim bald abbezahlt hat und betonen Sie, dass alles, was er erreicht hat, nur auf seinen persönlichen Arbeitseinsatz zurückzuführen ist. Das weiß er zwar selbst, es tut ihm aber trotzdem gut, es aus anderem Mund zu hören. Fragen Sie ihn, ob er Lust und Zeit hat, Ihr Vermögen zu verwalten. Er wird sich freuen, dass Sie ihm so viel Vertrauen schenken und Sie sicherlich nicht enttäuschen. Sie haben kein Vermögen? Dann gehen Sie mit ihm spazieren, wenn er Zeit hat. Der Steinbock wird zufrieden sein. Passt schon!

JEGLICHER ÜBERSCHWANG SCHEINT EINEM STEINBOCK FREMD ZU SEIN

Der Steinbock im Bett

Na, haben Sie diese Seite als Erstes angesteuert? Sie sind schon wahnsinnig gespannt, ob der Steinbock im Bett auch zu leidenschaftlichen Höchstleistungen fähig ist? O. K., dann wollen wir

Sie mal nicht länger auf die Folter spannen: Der Steinbock ist auch im Bett äußerst diszipliniert. Abends stellt er den Wecker auf sechs Uhr, putzt seine Zähne, legt sich splitternackt ins Bett und versucht einzuschlafen. Doch die Gedanken an die morgige Arbeit lassen ihn erst gegen 2 Uhr in einen unruhigen Schlaf fallen. Ob er wenigstens im Traum auch an das eine denkt? Schon, aber in einem immer wiederkehrenden Alptraum. Er geht gerade voll zur Sache – auf seinem Schreibtisch –, da klingelt das Telefon und der Konzernchef ruft an. Doch der Steinbock kriegt seine Hand nicht rechtzeitig zum Hörer, weil die in seinem Reißverschluss feststeckt. Schweißgebadet wacht er auf und tastet an sich hinunter. Gott sei Dank, kein Reißverschluss weit und breit!

IM ERSTEN AUGENBLICK WIRKT EIN STEINBOCK EHER ZURÜCKHALTEND, ABER DER SCHEIN TRÜGT

Steinböcke, die die Welt veränderten

Mit ihrem grenzenlosen Ehrgeiz, ihrer Zielstrebigkeit und ihrer Ausdauer, sind die Steinböcke geradezu dafür prädestiniert, die Welt zu verändern. Und das nicht nur im Bereich des Extrembergsteigens. Nehmen wir zum Beispiel Elvis Presley: Obwohl er aus einer total verarmten Arbeiterfamilie stammte, brachten ihn seine Zielstrebigkeit, sein Hüftschwung und sein Sangestalent bald an die Spitzen der Charts. Bis heute gilt der „King of Rock 'n' Roll" als erfolgreichster Sänger aller Zeiten! Als Steinbock konnte er sich auch nicht mit weniger zufrieden geben. Oder Heinrich Schliemann: Mit 19 Jahren war er finanziell so ruiniert, dass er nach Venezuela auswandern wollte, aber dann kam alles anders. Er landete in den Niederlanden, lernte innerhalb eines Jahres vier Fremdsprachen, eröffnete ein Handelshaus, gründete eine Bank, verkaufte Waffen und wurde steinreich. Aber das war ihm noch nicht genug. Mit 44 Jahren begann er Altertumswissenschaften zu studieren, machte sei-

STEINBÖCKE GELTEN ALS ZIEMLICH GESCHÄFTS-TÜCHTIG

nen Doktor und grub ganz nebenbei das sagenumwobene Troja aus. Diese Karriere ist wirklich schwer zu überbieten! Da müssen sich die anderen Steinböcke ganz schön anstrengen. Alternativ können sie aber auch ihre Genügsamkeit demonstrieren, wie Diogenes von Sinope. Der brauchte nicht mehr als eine Tonne zum Wohnen, einen Wanderstab, einen Rucksack und eine Essensschale um über 2000 Jahre im Gespräch zu bleiben. Dass auch das Christkind Steinbock ist, ist Ihnen vielleicht auch schon aufgefallen. Unermüdlich kurbelt es jedes Jahr die Wirtschaft an und liest unzählige von Wunschzetteln, bis ihm die Augen brennen. Oder weint es wegen der sinnlosen Konsumwünsche seiner Schäfchen? Wir werden es wohl nie erfahren.

STEINBÖCKE KÖNNEN AUCH IN BESCHEIDENER UMGEBUNG GLÜCKLICH SEIN

Die 10 wichtigsten Gründe, warum es schön ist, ein Steinbock zu sein

Freizeitstress kennst du nur vom Hörensagen.

Je mehr man arbeitet, desto weniger Zeit hat man,
sein Geld auszugeben.

Ein Bier nach der Arbeit ist für dich schon Lebensgenuss
in Reinkultur.

Höhenangst zählt nicht zu deinen Schwächen.
Du hast aber auch sonst keine.

Vor Prüfungen spürst du nur ein wohliges Kribbeln im Magen.

Deine Rationalisierungsmaßnahmen sind mit Abstand
die effizientesten.

Du musst deine Zeit nie mit blöden Gesellschaftsspielen, sinnlosen
Besäufnissen oder dummem Gequatsche verschwenden.

Deinem scharfen Verstand entgeht so schnell nichts.

Deine Gefühle haben mittlerweile kapiert,
dass sie zweitrangig sind.

Deine Rente ist sicher.

STEINBÖCKE WOLLEN IMMER POSITIV IN DIE ZUKUNFT BLICKEN

STEINBÖCKE SIND DURCH UND DURCH REALISTEN

Die 10 wichtigsten Gründe, warum es anstrengend ist, ein Steinbock zu sein

Wenn du einen Witz erzählst, erstarren alle vor Überraschung, anstatt zu lachen.

Bereits nach einer Stunde auf dem Sofa meldet sich dein Gewissen.

Hin und wieder hast du das Gefühl, du könntest etwas verpasst haben.

Alle halten dich für einen Super-Streber, dabei machst du bloß deinen Job.

Ordnung, Disziplin und Pünktlichkeit sind leider nur Sekundärtugenden.

Deine Mitmenschen wollen permanent über alles reden.

Dauernd wirst du mit Innovationen, Visionen und
Hirngespinsten konfrontiert.

Manchmal hast du den brennenden Wunsch,
ein Eremiten-Dasein zu führen. Aber wo? Und wie sollen die
anderen ohne dich zurechtkommen?

Der Weg zum Erfolg ist sogar dir manchmal zu steinig.

Manche Menschen sind nicht fähig,
die nötige Distanz zu wahren.

STEINBÖCKE KÖNNEN GELEGENTLICHE RÜCKSCHLÄGE GANZ GUT WEGSTECKEN

STEINBÖCKE MÜSSEN AUFPASSEN, DASS SIE NICHT AN DER FALSCHEN STELLE SPAREN

Steinbock-Diplomatie für Anfänger:

Wenn der Steinbock … sagt, dann meint er eigentlich:

Hmhm … o.k., gut, machen wir es so.

Ihr habt ein Problem? … Bitte lasst es mich für euch lösen!

Ich bin Zweiter geworden, von 15.000 Teilnehmern …
Mist, nur Zweiter!

Wie spät ist es? … Ich muss los, ich habe noch so viel zu erledigen.

Das ist mein Büro … das ist außerdem mein Wohn- und Schlafzimmer und eine kleine Ecke zum Kaffeekochen gibt es auch.

Ich muss mal alleine sein …
Bitte sprich mich die nächsten zwei Tage nicht an.

Ich kann nicht mehr! … Wo seid ihr? Heißt das, ich bin die letzten 2000 Höhenmeter schon alleine unterwegs?

Ich gehe kurz Sonntagsbrötchen holen …
und schaue noch schnell in der Arbeit vorbei.

Natürlich mag ich dich … warum fragst du,
merkt man das etwa nicht?

Ich habe ein Geschenk für dich …
hier, nimm' diese Flasche Wein, ich hoffe, sie ist gut.
Ich habe sie nämlich heute Morgen selbst
geschenkt bekommen.

Wie geht es dir? … Hast du auch so viel zu tun?

Ich bin nicht eigensinnig … und wenn *du* das behauptest,
stimmt es schon zweimal nicht!

Ich soll dich in den Arm nehmen? …
Aber nur kurz, ich habe gerade gar keine Zeit.

STEINBÖCKE VERGRABEN SICH GERNE MAL IN IHRER ARBEIT

EMOTIONALE OFFENHEIT IST NICHT UNBEDINGT DIE STÄRKSTE SEITE DES STEINBOCKS

Erfindungen, die dem Steinbock zugeschrieben werden:

Extremklettern

Zeugnis

Bergstiefel

Freeclimbing

Karteikasten

Rentenkasse

Guinness-Buch der Rekorde

Zuwachs-Sparen

Ziegenbart

Schweigeminute

Gipfelkreuz

Nachtschicht

STEINBÖCKE MACHEN UNGERN DEN ZWEITEN SCHRITT VOR DEM ERSTEN

10 Gebote für ein gutes Zusammenleben mit dem Steinbock

1.

Du sollst von mir keine großen Gefühlsausbrüche erwarten. Romanzen sind was fürs Fernsehen.

2.

Du sollst damit einverstanden sein, dass ich unser Geld verwalte.

3.

Du sollst mir nicht nachgehen, wenn ich einen meiner einsamen Spaziergänge mache.

4.

Du sollst nicht erwarten, dass ich mit dir diskutiere oder große Reden schwinge. Zuhören muss reichen.

5.

Du sollst meinen Eigensinn niemals unterschätzen.

6.

Du sollst dir eine eigene Arbeit und
eigene Hobbys zulegen,
da ich leider nur wenig Zeit für dich habe.

7.

Du sollst mich nicht warten lassen.

8.

Du sollst es nicht persönlich nehmen,
wenn ich ab und zu depressive Verstimmungen habe.

9.

Du sollst nicht besser sein als ich.

10.

Du sollst mich nicht mit albernen
Freizeitbeschäftigungen
von meiner Arbeit abhalten.

Nur noch Steinböcke auf der Welt – geht das?

Eine Welt voller Steinböcke ist die ordentlichste, disziplinierteste und fleißigste Gesellschaft, die es im ganzen Planetensystem geben kann. Der Grund liegt auf der Hand. Die Steinböcke stacheln sich gegenseitig zu Höchstleistungen an, jeder arbeitet Tag und Nacht und Demonstrationen für die 35-Stunden-Woche gehören endlich der Vergangenheit an. Die Arbeitgeber sind die eindeutigen Gewinner in dieser Steinbock-Welt, aber auch die Arbeitnehmer können sich eigentlich nicht beklagen. Es kann nicht nur Chefs geben und sie werden schließlich leistungsgerecht bezahlt. Die Häuser und Straßen befinden sich in einem Top-Zustand und auch die Parks und Gärten sind so schmuck herausgeputzt, dass man von

dem Eindruck schier geblendet wird. So weit so gut, aber nach einer Weile werden die Ladenbesitzer, Gastronomen und Handwerker unter den Steinböcken ein bisschen nervös. Warum kommt denn keiner mehr, um ihre Luxuswaren zu erstehen und warum treiben sich alle Steinböcke in Do-it-yourself-Baumärkten herum, statt einen Fachmann zu engagieren? Ganz einfach: Der Steinbock ist ein genügsamer Mensch: Luxus braucht er nicht und was er kann, macht er eben selber, basta! Doch die Steinbock-Regierung ist zum Glück nicht auf den Kopf gefallen. Flugs führt sie die Konsumpflicht ein. Wer nicht mindestens einmal pro Woche Luxuswaren im Wert von 150 Euro kauft, muss das Doppelte an Steuern zahlen. Das zeigt bei den sparsamen Bürgern sofort Wirkung! So kommen die Steinböcke sogar zu einem kleinen bisschen Lebensgenuss. Wenn auch nur verordnet.